ZUCCHINI

… die grünen Verwandlungskünstler

Zucchini gibt es hierzulande inzwischen ganzjährig, und jeder Gartenbesitzer weiß ein Lied von der alljährlichen »Zucchinischwemme« zu singen. Doch keine Panik, es gibt unzählige leckere Möglichkeiten, dieser Invasion der grünen Riesen Herr zu werden. Am besten erntet man bereits die gelben Blüten, die sich hervorragend füllen lassen, leistet sich den Luxus, ganz junge, kleine Zucchini delikat zu marinieren, und verarbeitet dann die großen zu deftigem marokkanischem Schmortopf. Vielleicht machen die Rezepte dann auch Lust, mit Zucchinisorten zu experimentieren, denn – egal ob hell oder dunkelgrün, gelb, gurkenförmig oder rund – Zucchini bieten vielfältigen Gemüsegenuss.

ZUCCHINI-MELONEN-SALAT

➤ frisch | sommerlich

Ein fruchtiger Sattmacher – genau richtig für einen heißen Sommertag

Zutaten für 4 Personen:

- *1 kleiner Endivien- oder Frisée-Salat*
- *3 kleine Zucchini (ca. 400 g)*
- *2 Möhren*
- *1 kleine Melone (Honig- oder Charentais-Melone)*
- *1 Dose Mais (285 g Abtropfgewicht)*
- *8 Scheiben geräucherte Putenbrust*

Für die Salatsauce:

- *1 Eigelb*
- *100 ml Öl*
- *7 EL Orangensaft, frisch gespresst*
- *1 Bund Estragon*
- *Pfeffer • Salz*

ZUBEREITUNGSZEIT: 30 MIN.
PRO PORTION ETWA: 1630KJ/388 KCAL

1 Den Salat waschen, putzen und trockenschleudern. Die Zucchini waschen, putzen und in dünne Scheiben schneiden. Die Möhren waschen, putzen, schälen und grob raspeln. Die Melone halbieren und Kerne entfernen. Mit einem Kugelausstecher aus dem Fruchtfleisch kleine Kugeln herauslösen. Oder die Melone schälen und in dünne Spalten schneiden.

2 Den Mais in ein Sieb geben, kurz unter Wasser abbrausen und abtropfen lassen. Putenbrust in Streifen schneiden und mit den übrigen Zutaten auf Tellern anrichten.

3 Für die Salatsauce das Eigelb in einer Schüssel mit dem Schneebesen des Handrührgerätes cremig rühren. Das Öl tröpfchenweise dazugeben und weiterrühren. Sobald eine feste Creme entstanden ist, den Orangensaft unterrühren.

4 Den Estragon waschen, trocknen und hacken, unter die Salatmayonnaise rühren und mit Pfeffer und Salz würzen. Die Sauce über den Salat geben und mit frischem Baguette servieren.

! **TIPP:** Super schmecken anstelle der Melone auch Papaya oder frische Aprikosen.

ZUCCHINIRÖLLCHEN

➤ gelingt leicht

Prima Antipasti-Häppchen mit unendlich vielen Variationsmöglichkeiten

Zutaten für 20 Röllchen:

- *4 mittelgroße Zucchini (ca. 800 g)*
- *2 Knoblauchzehen*
- *Salz • Pfeffer*
- *Olivenöl zum Braten*

Für die Füllung:

- *1 Bund Schnittlauch (oder andere frische Kräuter)*
- *1 rote Zwiebel*
- *1 TL eingelegter grüner Pfeffer*
- *200 g Ziegenfrischkäse*
- *Zahnstocher zum Feststecken*

ZUBEREITUNGSZEIT: 35 MIN.
PRO STÜCK ETWA: 171 KJ/41 KCAL

1 Die Zucchini waschen, putzen und längs in 1/2 cm dünne Scheiben schneiden. Den Knoblauch schälen. Reichlich Öl in einer Pfanne erhitzen und die Zucchini darin portionsweise leicht braun braten, salzen, pfeffern und den Knoblauch darüber pressen. Nur noch kurz braten, aus der Pfanne nehmen und abkühlen lassen.

2 Den Schnittlauch waschen, trocknen und in Röllchen schneiden. Die Zwiebel schälen und fein würfeln. Abgetropfte Pfefferkörner mit einer Gabel zerdrücken. Alles mischen und die Hälfte davon mit Ziegenfrischkäse vermengen. Aus dem Käse 20 Bällchen formen und in restlicher Schnittlauch-Zwiebel-Mischung wälzen.

3 Je 1 Zucchinischeibe um 1 Käsebällchen rollen und mit Zahnstochern feststecken.

!

TIPPS: Sie können auch andere Leckereien einwickeln: Kirschtomaten mit Basilikumblättern, Minimozzarella mit gehackten Kräutern, Fetakäsewürfel mit Oliven oder Hackbällchen – der Fantasie sind keine Grenzen gesetzt! Die gebratenen Zucchinischeiben schmecken auch solo oder in einer Marinade eingelegt (Seite 19).

ZUCCHINISÜPPCHEN MIT KERBELSAHNE

➤ raffiniert

Ein sahniger Auftakt zu einem Frühjahrsmenü

Zutaten für 4 Personen:

- *600 g Zucchini*
- *1 Bund Frühlingszwiebeln*
- *1 EL Butterschmalz*
- *700 ml Gemüsebrühe*
- *100 ml Weißwein*
- *Salz • Pfeffer*
- *300 g Sahne*
- *1 Bund Kerbel (ersatzweise Dill)*

ZUBEREITUNGSZEIT: 25 MIN.
PRO PORTION ETWA: 903 KJ/216 KCAL

1 Zucchini und Frühlingszwiebeln waschen und putzen. Zucchini in kleine Stücke, Frühlingszwiebeln mit dem Grün in Ringe schneiden.

2 Das Butterschmalz in einem Topf erhitzen, Zucchini und Frühlingszwiebeln darin 5 Min. andünsten, dann mit Brühe und Weißwein ablöschen. Mit Pfeffer und Salz würzen und 12 Min. köcheln lassen.

3 Die Sahne steif schlagen. Den Kerbel waschen, trockentupfen, fein hacken und unter die Sahne mischen.

4 Die Suppe vom Herd nehmen, 4 EL Gemüse herausnehmen und beiseite stellen. Restliche Suppe pürieren und die Kerbelsahne unterrühren. Suppe sofort auf Teller verteilen und jeweils 1 EL Gemüse hineingeben. Wer will, gibt noch klein geschnittene geräucherte Forellenfilets oder Räucherlachs darauf.

! **TIPP:** Servieren Sie frisches Kräuterbaguette zur Suppe: Baguette in 3 cm Abstand einschneiden und etwas Kräuterbutter daraufgeben. Kurz im Backofen bei 220° knusprig rösten und aufschneiden.

GEFÜLLTE ZUCCHINIBLÜTEN

➤ tolle Vorspeise

Immer Rosen sind langweilig, »verschenken« Sie mal diese Blüten!

Zutaten für 4 Personen:

- *16 männliche Zucchiniblüten (siehe Seite 18)*
- *400 g Zucchini*
- *1 kleine Zwiebel*
- *1 Knoblauchzehe*
- *Salz • Pfeffer*
- *1 Bund Basilikum*
- *4 eingelegte getrocknete Tomaten*
- *200 g Ricotta*
- *2 Eier*
- *Olivenöl zum Braten und für die Form*

ZUBEREITUNGSZEIT: 40 MIN.
PRO PORTION ETWA: 877 KJ/209 KCAL

1 Den Backofen auf 225° (Umluft 200°) vorheizen. Eine ofenfeste Form mit 1 EL Olivenöl auspinseln. Zucchiniblüten waschen, trockentupfen und die Staubgefäße entfernen (Seite 18).

2 Die Zucchini waschen, putzen und auf dem Gemüsehobel grob raspeln. Zwiebel und Knoblauch schälen, würfeln und in etwas Öl in einer Pfanne andünsten. Zucchiniraspel dazugeben, salzen, pfeffern und 10 Min. bei schwacher Hitze dünsten. In eine Schüssel geben und abkühlen lassen.

3 Das Basilikum waschen und trocknen. Die Blätter abzupfen und mit den Zucchini pürieren. Die Tomaten fein würfeln und mit Ricotta und Eiern zum Zucchinipüree geben und gut vermengen. Die Masse in die Blüten füllen und die Blütenspitzen vorsichtig zudrehen.

4 Die Blüten in die Form legen, mit etwas Olivenöl beträufeln und im Ofen (Mitte) 15 Min. gratinieren, bis die Blüten leicht bräunen. Wer will, serviert die Blüten auf Tomatensauce oder gedünstetem Zucchinigemüse.

! **TIPP:** Die Füllung schmeckt auch toll als Soufflé: Vier Förmchen einfetten, Masse einfüllen, mit Alufolie abdecken und im Ofen bei 225° (Umluft 200°) 10–15 Min. aufgehen lassen.

ZUCCHINI-TORTILLA

➤ **gelingt leicht**

Als Snack oder Tapashappen, schnell aus der Pfanne – olé!

Zutaten für 4 Personen:

- *5 kleine Zucchini (ca. 700 g)*
- *1 rote Zwiebel*
- *1 Knoblauchzehe*
- *1/2 Bund Thymian*
- *4 EL Olivenöl*
- *6 Eier*
- *6 EL Sahne*
- *Salz • Pfeffer*
- *Paprikapulver, edelsüß*

ZUBEREITUNGSZEIT: 25 MIN.
PRO PORTION ETWA: 1216 KJ/291 KCAL

1 Die Zucchini waschen, putzen und in dünne Scheiben schneiden. Zwiebel und Knoblauch schälen und in feine Würfel schneiden. Thymian waschen, trocknen und die einzelnen Blättchen vom Stiel streifen.

2 Das Olivenöl in einer Pfanne erhitzen und Zwiebel und Knoblauch kurz darin anbraten. Zucchinischeiben und Thymianblättchen dazugeben und 5 Min. dünsten (die Zucchini sollten nur leicht bräunen).

3 Inzwischen Eier und Sahne gut verquirlen und mit Salz, Pfeffer und Paprikapulver abschmecken.

4 Die Eier über die Zucchini geben und 8 Min. bei schwacher Hitze und geschlossenem Pfannendeckel stocken lassen. Zum Wenden das Omelett auf einen Teller gleiten lassen und umgedreht wieder in die Pfanne gleiten lassen. Weitere 8 Min. garen.

5 Die Tortilla aus der Pfanne nehmen, in mundgerechte Stücke schneiden und warm oder kalt genießen.

TIPP: Servieren Sie die Tortillastücke mit Zahnstochern als Tapashappen, dazu Chorizowurst und Manchegokäse. Wer's deftiger mag, kann Wurst- und Käsewürfelchen bereits unter die Eier mischen und mitbraten.

ZUCCHINI-QUICHE

➤ herzhaft

Französischer Klassiker neu aufgelegt in Gelb-Grün

Zutaten für eine Quiche- oder Tarteform (26 cm Ø):

Für den Teig:

125 g Mehl • 1 Prise Salz

125 g Butter

125 g Magerquark

1 EL Essig

Für den Belag:

5 kleine gelbe und grüne Zucchini (insgesamt ca. 700 g)

1 Ei

100 g saure Sahne

80 g geriebener Gruyère-Käse

Salz • Pfeffer

geriebene Muskatnuss

ZUBEREITUNGSZEIT: 25 MIN.
BACKZEIT: 40 MIN.
BEI 12 STÜCK PRO STÜCK ETWA:
734 KJ/176 KCAL

1 Mehl und Salz in einer Schüssel mischen. Kalte Butter klein schneiden und mit einem Messer unters Mehl hacken. Quark und Essig dazugeben und alles rasch mit den Händen zu einem Teig verkneten. 30 Min. ruhen lassen.

2 Inzwischen die Zucchini längs in 1/2 cm dicke Scheiben schneiden und 1 Min. in kochendes Wasser geben (blanchieren). In ein Sieb gießen, kalt abbrausen und abtropfen lassen. Ei, Sahne und Käse verquirlen und mit Salz, Pfeffer und Muskatnuss abschmecken.

3 Den Backofen auf 200° vorheizen (Umluft 180°). Den Teig auf etwas Mehl ausrollen, in die Form legen, überstehende Ränder abschneiden und den Boden mit einer Gabel mehrmals einstechen. Im Ofen (Mitte) 15 Min. vorbacken.

4 Die Form aus dem Ofen nehmen und die Zucchinischeiben strahlenförmig überlappend auf den Teigboden legen. Eimasse darüber gießen und die Quiche in 25 Min. goldgelb backen. Sollte sie zu braun werden, mit Pergamentpapier abdecken. Die Quiche warm servieren. Dazu passen Weißwein und grüner Salat.

KARTOFFEL-ZUCCHINI-PUFFER

➤ knusprig

Gemüse-Light-Version des beliebten Kartoffelklassikers

Zutaten für 4 Personen:

- *500 g Kartoffeln*
- *500 g Zucchini*
- *1/2 Bund Oregano*
- *1 Ei*
- *50 g Mehl*
- *Salz • Pfeffer*
- *Butterschmalz zum Braten*

ZUBEREITUNGSZEIT: 45 MIN.
PRO PORTION ETWA: 744 KJ/178 KCAL

1 Die Kartoffeln waschen, schälen und abtrocknen. Die Zucchini waschen und die Enden abschneiden. Die Kartoffeln auf einem Gemüsehobel fein und die Zucchini grob reiben.

2 Den Oregano waschen und trockenschütteln. Die Blättchen abzupfen und fein hacken. Alles in einer Schüssel mit dem Ei und dem Mehl vermischen und mit Salz und Pfeffer würzen.

3 Reichlich Butterschmalz in einer beschichteten Pfanne erhitzen. Jeweils 2 EL Teig pro Puffer in die Pfanne geben und glatt streichen. Bei mittlerer Hitze von beiden Seiten jeweils 3–4 Min. backen, bis sich die Puffer leicht vom Pfannenboden lösen lassen und knusprig braun sind. Sofort heiß mit einem gemischten Salat servieren.

TIPP: Lecker schmecken die Puffer auch, wenn man je 50 g gewürfelten Frühstücksspeck und Emmentaler oder 50 g klein geschnittenen Camembert unter den Teig rührt.

Wissenswertes über Zucchini

➤ Wie Kürbisse tragen Zucchini große, gelbe Blüten. Es gibt weibliche Blüten mit kleinen Früchten am Stiel (links), die zu Zucchini reifen, und männliche Blüten, die dann absterben (rechts).

➤ Beide Blütenarten sind essbar und eignen sich zum Frittieren und Füllen. Dazu muss man sie zunächst vorsichtig waschen, trocknen und Blütenstempel und Staubgefäße herausschneiden.

➤ Zucchini gibt es in unterschiedlicher Form und Färbung. Im Geschmack sind sie ähnlich, die gelben etwas milder als die grünen. Grundsätzlich entfernt man vor der Verarbeitung Stiel- und Blütenansatz.

➤ Dann kann man die Zucchini in jede gewünschte Form weiter verarbeiten. Schneiden Sie die Frucht in Scheiben, Streifen oder Würfel, je nach Gericht passend.

Marinaden für gebratene Zucchini

Mediterrane Variante

4 in Öl eingelegte Sardellen abtropfen lassen, mit je 1 EL Kapern und Thymianblättchen klein hacken. 1 Knoblauchzehe schälen und dazupressen.

2 Mit 3 EL Weißweinessig, 2 EL Olivenöl und 1 EL Zitronensaft verrühren und über die abgekühlten Zucchinischeiben geben. 2 Std. marinieren und eventuell mit Zitronenstückchen garnieren.

Asiatische Variante

1 1 mittelscharfe rote Chilischote waschen, Kerne entfernen, Schote fein hacken. 1 Knoblauchzehe schälen und dazupressen. 1/2 Bund Koriander hacken.

2 Mit 1 EL Orangenmarmelade, 1 EL Fischsauce, 2 EL Weißweinessig und 2 EL Sesamöl verrühren. Die Zucchinischeiben 2 Std. darin marinieren und z. B. mit Kroepuk (Krabbenbrotchips) servieren.

ZUCCHINI-SPAGHETTI MIT KRABBEN

➤ **schnell**

Cremige Pastasauce mit einem Hauch exotischer Schärfe

Zutaten für 4 Personen:

- *1 Zwiebel*
- *1 EL Butterschmalz*
- *200 g Sahne*
- *100 ml Fischfond*
- *Salz • Pfeffer*
- *2 TL Currypulver*
- *500 g Spaghetti*
- *2 mittelgroße Zucchini (ca. 450 g)*
- *300 g gegarte und geschälte Tiefseekrabben*
- *1/2 Bund Dill*
- *2 EL Crème fraîche*

ZUBEREITUNGSZEIT: 20 MIN.
PRO PORTION ETWA: 2771 KJ/663 KCAL

1 Die Zwiebel schälen und fein würfeln. Das Butterschmalz in einem Topf erhitzen, die Zwiebel darin glasig dünsten. Mit Sahne und Fond ablöschen und mit Salz, Pfeffer und Curry würzen. 10 Min. unter gelegentlichem Rühren einköcheln.

2 Inzwischen die Spaghetti in reichlich Salzwasser nach Packungsanweisung kochen. Während Sauce und Nudeln kochen, die Zucchini waschen und putzen. Erst längs in dünne Scheiben, diese dann in lange Streifen schneiden. Zur Sahnesauce geben und 3–4 Min. köcheln, bis sie weich sind.

3 Die Krabben in die Sauce geben und darin warm werden lassen (nicht mehr kochen). Den Dill waschen, hacken und bis auf 1 EL mit Crème fraîche unter die Sauce rühren, eventuell nochmals mit Gewürzen abschmecken. Die Spaghetti in ein Sieb gießen, abtropfen lassen und mit der Sauce mischen. Mit Dill garniert servieren.

TIPP: Wer's etwas exotischer mag, kann statt Dill frischen Koriander verwenden.

ZUCCHINI-SPINAT-LASAGNE

➤ für Gäste

Leckeres Pastagericht – mal ganz in Grün

Zutaten für 4 Personen:

- *1 Zwiebel*
- *2 Knoblauchzehen*
- *300 g junger Spinat, tiefgekühlt*
- *1 1/2 TL gekörnte Brühe*
- *Salz • Pfeffer*
- *2 große Zucchini (ca. 700 g)*
- *1 Bund glatte Petersilie*
- *2 große Mozzarellakugeln*
- *200 g Sahne*
- *150 g körniger Frischkäse*
- *1 TL getrockneter Oregano*
- *350 g Lasagneplatten (ohne Vorkochen)*
- *1 Packung gewürzte Tomatensauce (340 g)*
- *Öl zum Braten und für die Form*

ZUBEREITUNGSZEIT: 35 MIN.
BACKZEIT: 50 MIN.
PRO PORTION ETWA: 3118 KJ/746 KCAL

1 Den Backofen auf 200° vorheizen. Eine rechteckige, ofenfeste Form mit Öl auspinseln. Zwiebel und Knoblauch schälen, würfeln und in Öl anbraten. Den Spinat dazugeben und bei schwacher Hitze auftauen. Brühepulver einrühren, salzen, pfeffern und abkühlen lassen.

2 Die Zucchini waschen, putzen und auf einem Gemüsehobel grob raspeln. Die Petersilie waschen, trockentupfen und hacken. Den Mozzarella würfeln, eine Hälfte davon beiseite stellen. Die andere Hälfte mit Spinat, Zucchini und Petersilie in eine Schüssel geben. Sahne und Frischkäse unterrühren. Mit Oregano, Salz und Pfeffer kräftig würzen.

3 Lasagneplatten auf dem Boden der Form auslegen und danach abwechselnd Zucchini-Spinat-Füllung und Nudelplatten einschichten. Mit einer Nudellage abschließen und die gewürzte Tomatensauce darüber gießen. Die übrigen Mozzarellawürfel darauf verteilen und im Ofen (Mitte, Umluft 180°) 50 Min. backen. Wenn die Lasagne zu braun wird, kurz vor Backende mit Backpapier abdecken.

ZUCCHINI-MINZ-PÜREE MIT LAMMKOTELETTS

➤ **außergewöhnlich**

Lamm mit Minze: very british und mit Zucchini besonders köstlich!

Zutaten für 4 Personen:

- *600 g Zucchini*
- *1 kleine Zwiebel*
- *1 Knoblauchzehe*
- *Salz • Pfeffer*
- *Cayennepfeffer*
- *50 ml Gemüsebrühe*
- *1 Bund Minze*
- *1/2 Bund glatte Petersilie*
- *2 EL Zitronensaft*
- *8 Lammkoteletts*
- *Olivenöl zum Braten*

ZUBEREITUNGSZEIT: 40 MIN.
PRO PORTION ETWA: 1237 KJ/296 KCAL

1 Die Zucchini waschen, putzen und auf einem Gemüsehobel grob raspeln. Zwiebel und Knoblauch schälen und würfeln.

2 Etwas Öl in eine Pfanne geben und Zwiebel und Knoblauch darin kurz andünsten. Die Zucchiniraspel dazugeben und 2–3 Min. dünsten, bis sie leicht bräunen. Mit Salz, Pfeffer und Cayennepfeffer würzen, die Brühe angießen und 12–15 Min. garen.

3 Inzwischen Minze und Petersilie waschen und trockenschütteln. Die Blätter abzupfen und hacken. Die Zucchini vom Herd nehmen, 2 Min. abkühlen lassen, anschließend Minze, Petersilie und Zitronensaft dazugeben und alles zusammen pürieren.

4 Öl in einer Pfanne erhitzen und die Lammkoteletts darin braun braten. Koteletts aus der Pfanne nehmen, mit Salz und Pfeffer würzen und mit dem lauwarmen Zucchini-Minz-Püree servieren.

TIPP: Das Zucchini-Minz-Püree ist eher eine Sauce als eine Gemüsebeilage. Toll schmeckt es auch zu gedünstetem oder gegrilltem Fisch.

GRILLSPIESSCHEN MIT ZUCCHINI

➤ exotisch

Spieße für Asia-Fans – klein und fein mit fruchtig-pikanter Sauce

Zutaten für 4 Spieße:

- *400 g Schweinefilet (oder Schulter ohne Knochen)*
- *3 kleine Zucchini (ca. 400 g)*
- *1 Bund Frühlingszwiebeln*
- *2 Zweige Rosmarin*
- *4 EL Olivenöl*
- *300 g reife Aprikosen*
- *1 Stück Ingwer (2 cm)*
- *1 Knoblauchzehe*
- *2 EL Honig*
- *1 TL Currypulver*
- *2 EL Weißweinessig*
- *Salz • Pfeffer • 3 EL Sesam*
- *4 Schaschlikspieße*

ZUBEREITUNGSZEIT: 1 STD.
MARINIERZEIT: 2 STD.
PRO SPIESS ETWA: 1910 KJ/457 KCAL

1 Fleisch in 2 cm große Würfel schneiden. Zucchini waschen, putzen und in 1 cm dicke Scheiben schneiden. Frühlingszwiebeln waschen und putzen. Den oberen Teil des Grüns hacken und beiseite stellen, den Rest in 4 cm lange Stücke schneiden und abwechselnd mit Fleisch und Zucchini auf Spieße stecken.

2 Rosmarin waschen, die Nadeln abstreifen und fein hacken. Die Hälfte davon mit Öl verrühren. Die Fleisch-Zucchini-Spieße 2 Std. darin marinieren.

3 Inzwischen Aprikosen waschen, entkernen und achteln. Ingwer und Knoblauch schälen und klein würfeln. Alles in einen Topf geben und mit Honig, Curry und restlichem Rosmarin 20 Min. köcheln. Essig dazugeben und die Sauce pürieren. Salzen und pfeffern, abkühlen lassen.

4 Spieße aus der Marinade nehmen und auf dem Grill in 15 Min. braun braten, salzen, pfeffern und mit Sesam bestreuen. Frühlingszwiebelgrün unter die Sauce mischen und zu den Spießen servieren. Dazu passt Reis.

TIPP: Statt Fleisch können Sie Maiskolbenscheiben, Kirschtomaten und Champignonköpfe aufspießen.

ZUCCHINI-HUHN-TAJINE

➤ für Gäste

Schlemmen wie in Tausendundeiner Nacht: Schmortopf marokkanisch

Zutaten für 4 Personen:

- *4 Zwiebeln*
- *3 Knoblauchzehen*
- *8 EL Sonnenblumenöl*
- *2 Bund glatte Petersilie*
- *2 TL gemahlener Kreuzkümmel*
- *1 Döschen Safran (1 g)*
- *4 Hähnchenkeulen (vom Metzger in Ober- und Unterkeule teilen lassen)*
- *Salz • Pfeffer*
- *1 Packung stückige Tomaten (500 g Inhalt)*
- *200 ml Hühnerbrühe*
- *2 große Zucchini (ca. 700 g)*
- *1 Dose Kichererbsen (250 g Abtropfgewicht)*
- *3 EL Rosinen*
- *Öl zum Braten*

ZUBEREITUNGSZEIT: 1 STD.
MARINIERZEIT: 12 STD. (ÜBER NACHT)
PRO PORTION ETWA: 2863 KJ/685 KCAL

1 Zwiebeln und Knoblauch schälen, fein würfeln und mit dem Öl in eine Schüssel geben. Petersilie waschen, hacken und mit dem Kreuzkümmel dazugeben. Safran in 2 EL heißem Wasser einweichen und nach 10 Min. samt Wasser ins Öl rühren.

2 Ein Drittel der Würzmischung unter die Haut der Hähnchenkeulen schieben, ein Drittel darauf verteilen, den Rest aufbewahren. Die Hähnchenkeulen zugedeckt über Nacht marinieren.

3 Keulen salzen, pfeffern, in heißem Öl rundum braun anbraten und in einen Bräter oder Topf geben. Tomaten mit Brühe und restlicher Würzmischung verrühren und zum Fleisch geben, salzen und pfeffern. Bei schwacher Hitze und geschlossenem Deckel 25 Min. schmoren.

4 Inzwischen Zucchini waschen, putzen und in 2 cm große Würfel schneiden, mit Kichererbsen und Rosinen zum Fleisch geben und 20 Min. garen. Zuletzt 5 Min. ohne Deckel bei stärkerer Hitze einkochen. Dazu passt Couscous oder Fladenbrot.

TIPP: »Tajine« ist ein marokkanischer Tonschmortopf mit hohem, kegelförmigem Deckel.

GEFÜLLTE ZUCCHINI

➤ würzig

Erinnert an den letzten Griechenlandurlaub ...

Zutaten für 4 Personen:

- *4 runde Zucchini (je ca. 150 g)*
- *1 Zwiebel*
- *1 Knoblauchzehe*
- *2 türkische Spitzpaprika*
- *2 EL Olivenöl*
- *1/2 Bund glatte Petersilie*
- *400 g gemischtes Hackfleisch*
- *1 Ei*
- *2 EL Tomatenmark*
- *Salz • Pfeffer*
- *2 TL Gyros-Gewürzmischung*
- *1/2 TL getrockneter Oregano*
- *100 g Fetakäse*
- *Fett für die Form*

ZUBEREITUNGSZEIT: 1 STD.
GARZEIT: 40 MIN.
PRO PORTION ETWA: 1914 KJ/458 KCAL

1 Den Ofen auf 200° vorheizen. Die Zucchini waschen, putzen, längs halbieren und mit einem Löffel oder Kugelausstecher aushöhlen (es sollte ein 1/2 cm breiter Rand stehen bleiben). 150 g Zucchinifleisch fein würfeln.

2 Zwiebel und Knoblauch schälen und würfeln. Paprika waschen, putzen und in kleine Würfel schneiden. Alles mit den Zucchiniwürfeln 2–3 Min. in heißem Öl andünsten. Vom Herd nehmen und abkühlen lassen.

3 Petersilie waschen, trocknen und hacken. Mit Hackfleisch, Ei, Tomatenmark und Gewürzen vermengen. Feta klein würfeln und mit dem Gemüse unter die Fleischmasse mengen.

4 Eine ofenfeste Form ausfetten. Die Zucchinihälften mit der Masse bis über den Rand füllen und in die Form setzen. Im Ofen (Mitte, Umluft 180°) 40 Min. garen, evtl. mit eingefettetem Pergamentpapier abdecken. Dazu schmeckt kühles Zaziki.

TIPPS: Statt runder können Sie auch normale Zucchini verwenden. Spitzpaprika und Gyros-Gewürz führt das türkische Lebensmittelgeschäft.

ZUCCHINI-MUFFINS

➤ süß | saftig

Perfekt zum Frühstück oder Fünf-Uhr-Tee made in USA

Zutaten für 12 Muffins:

- *100 g Orangeat*
- *6 EL Orangenlikör oder frisch gepresster Orangensaft*
- *250 g Zucchini*
- *200 g Mehl*
- *1 1/2 EL Backpulver*
- *1/2 EL Natron*
- *100 g gemahlene Haselnüsse*
- *1 Ei*
- *120 g Zucker*
- *1 Päckchen Vanillezucker*
- *150 g saure Sahne*
- *80 ml Sonnenblumenöl*
- *12 Papierförmchen + Muffinsblech*

Zubereitungszeit: 30 Min.
Backzeit: 25 Min.
Pro Stück etwa: 1065 kJ/255 kcal

1 Backofen auf 180° vorheizen. Orangeat fein würfeln und in Orangenlikör oder -saft ziehen lassen. Zucchini waschen, putzen und auf dem Gemüsehobel fein raspeln.

2 Mehl, Backpulver und Natron in einer Schüssel mischen. Haselnüsse und Zucchiniraspel dazugeben.

3 Das Ei in einer zweiten Schüssel verquirlen und mit Zucker und Vanillezucker verrühren. Saure Sahne, Öl und Orangeat mitsamt Likör oder Saft dazugießen und alles gut verrühren.

4 Inhalt der Mehlschüssel zur Eimasse geben und mit einem Löffel nur so lange unterrühren, bis alle Zutaten gleichmäßig feucht sind.

5 Die Papierförmchen in ein Muffinsblech stellen und den Teig gleichmäßig darin verteilen. Die Muffins im Ofen (Mitte, Umluft 160°) ca. 25 Min. backen, bis sie leicht gebräunt sind.

Tipp: Super schmecken die Muffins mit Orangenmarmelade oder Honig bestrichen.

Impressum

➤ *Die Temperaturangaben*
bei Gasherden variieren von Hersteller zu Hersteller. Welche Stufe Ihres Herdes der jeweils angegebenen Temperatur entspricht, entnehmen Sie bitte der Gebrauchsanweisung. Bei Elektroherden können die Backzeiten je nach Herd variieren.

➤ *Vielen Dank!*
Ein herzliches Dankeschön an die Firmen Murray/Holland, Designers Guild/München und Nontron/Frankreich, aus deren Programm sich unsere Fotografin bedienen durfte.

Redaktionsleitung: Birgit Rademacker
Redaktion: Sigrid Burghard
Lektorat: Linde Wiesner
Umschlag- und Innenlayout: independent Medien-Design
Fotos: FoodPhotography Eising / Martina Görlach / Andrea Holzer
Herstellung: Petra Roth
Satz: EDV-Fotosatz Huber / Verlagsservice G. Pfeifer, Germering / XML-strukturiert
Reproduktionen: Penta Repro München
Druck und Bindung: Alcione
ISBN: 3-7742-4790-0

Auflage:	5.	4.	3.	2.	1.
Jahr:	2006	2005	2004	2003	2002